Todos los libros de Linkgua Ediciones cuentan con modelos de Inteligencia Artificial entrenados por hispanistas. Pregúntale al chat de tu libro lo que desees acerca de la obra o su autor/a.

Para ebooks: Accede a nuestro modelo de IA a través de este enlace.

Para libros impresos: Escanea el código QR de la portada con tu dispositivo móvil.

Obtén análisis detallados de nuestros libros, resúmenes, respuestas a tus preguntas y accede a nuestras ediciones críticas generativas para una experiencia de lectura más enriquecedora.
La transparencia y el respeto hacia la autoría de las fuentes utilizadas son distintivos básicos de nuestro proyecto. Por ello, las respuestas ofrecen, mediante un sistema de citas, las fuentes con las que han sido elaboradas.

Pedro Calderón de la Barca

Memoria de apariencias

Barcelona 2024
Linkgua-ediciones.com

Créditos

Título original: Memoria de apariencias.

© 2024, Red ediciones S.L.

e-mail: info@Linkgua-ediciones.com

Diseño de cubierta: Michel Mallard.

ISBN rústica: 978-84-96290-30-3.
ISBN ebook: 978-84-9953-416-9.

Sumario

Brevísima presentación

La vida

Pedro Calderón de la Barca (Madrid, 1600-Madrid, 1681). España.

Su padre era noble y escribano en el consejo de hacienda del rey. Se educó en el colegio imperial de los jesuitas y más tarde entró en las universidades de Alcalá y Salamanca, aunque no se sabe si llegó a graduarse.

Tuvo una juventud turbulenta. Incluso se le acusa de la muerte de algunos de sus enemigos. En 1621 se negó a ser sacerdote, y poco después, en 1623, empezó a escribir y estrenar obras de teatro. Escribió más de ciento veinte, otra docena larga en colaboración y alrededor de setenta autos sacramentales. Sus primeros estrenos fueron en corrales.

Lope de Vega elogió sus obras, pero en 1629 dejaron de ser amigos tras un extraño incidente: un hermano de Calderón fue agredido y, éste al perseguir al atacante, entró en un convento donde vivía como monja la hija de Lope. Nadie sabe qué pasó.

Entre 1635 y 1637, Calderón de la Barca fue nombrado caballero de la Orden de Santiago. Por entonces publicó veinticuatro comedias en dos volúmenes y La vida es sueño (1636), su obra más célebre.

En la década siguiente vivió en Cataluña y, entre 1640 y 1642, combatió con las tropas castellanas. Sin embargo, su salud se quebrantó y abandonó la vida militar. Entre 1647 y 1649 la muerte de la reina y después la del príncipe heredero provocaron el cierre de los teatros, por lo que Calderón tuvo que limitarse a escribir autos sacramentales.

Calderón murió mientras trabajaba en una comedia dedicada a la reina María Luisa, mujer de Carlos II el Hechizado. Su hermanó José, hombre pendenciero, fue uno de sus editores más fieles.

Puestas en escena

Memoria de apariencias es una antología de los comentarios de Calderón de la Barca a las escenografías y los artilugios técnicos utilizados en las puestas en escena de sus Autos sacramentales.

Aquí se describen las maquinarias, los colores y los diseños y hasta el modo en que los actores deben comportarse en escena. Se trata de una apología al barroco a través de la técnica y de la minuciosidad.

El texto ha sido compilado por el célebre bibliófilo Cristóbal Pérez Pastor.

Otra fuente relevante que cabe citar a propósito de este libro es Gómez de Mora, maestro de obras de la villa de Madrid en el siglo XVII, quien diseñó artilugios para la representación de los autos y realizó los dibujos del archivo de Villa, para los carros de los autos y las tarascas.

Memoria de apariencias

Memoria de las apariencias que se han de hacer en los carros para la representación de los autos en las fiestas del Santísimo Sacramento este año de 1661

Memoria de apariencias del auto El primer refugio del hombre (1661)

Ha de ser el primer carro una montaña hermosamente pintada de plantas y flores con una quiebra en el segundo cuerpo, por donde saliendo una persona tenga espacio para representar en lo alto y bajada después para el tablado. Esta montaña a su tiempo se ha de abrir en dos mitades y verse dentro de ella una fuente cuyo remate ha de ser una cruz en que ha de estar un niño, de cuyo costado, pies y manos han de salir siete listones encarnados que den en la taza de la fuente que será a manera de cáliz lo más imitada que se pueda. La cruz y el niño han de subir por elevación, desplegándose siempre los listones, y cerrarse a su tiempo.

El segundo carro ha de ser una fábrica cuadrada con torre y capitel y su pintura cantería. Los tres bastidores del cuerpo primero, que ordinariamente sirven de vestuario, se han de elevar por canales a su tiempo, o retirarse a la parte de atrás los de los costados y elevarse el del frontispicio, de manera que quede el carro descubierto por sus tres partes y puedan verse dentro algunas personas que han de estar recostadas en una tarima que esté en proporción levantada del suelo. Y a este tiempo en la esquina del costado derecho deste carro se ha de mover un bofetón que vuele afuera lo más que pueda, y en él ha de venir en un trono de nubarrón sentada una persona la cual ha de bajar por manga, también de nubarrón, hasta el tablado donde ha de poder desasirse y representar en él.

El tercer carro, compañero deste, ha de ser otra fábrica igual y su pintura de ladrillo; los bastidores dél se han de abrir en la misma conformidad, con diferencia de que lo que allí fueron tarimas, aquí ha de ser pintura de un estanque, el cual lo más imitado que se pueda, estando el suelo pintado de olas, a su tiempo han de moverse en tablas recortadas y tornos de velillo, de manera que todo haga movimiento; y del costado izquierdo deste carro ha de salir de la otra esquina otro nubarrón en conformidad del pasado, en que sentándose la misma persona vuelva a desaparecer en este de la misma manera que apareció en el otro.

El cuarto carro ha de ser un templo redondo pintado de fábrica rica, mármoles, jaspes y bronces. Este en su primera vista no se ha de ver más que el primero cuerpo, en que han de estar embebidos otros dos que a su tiempo han de subir en disminución proporcionada de manera que hagan perfecta arquitectura, y ha de haber en el remate del tercer cuerpo una arca grande, u dorada u de color de oro, con cuatro ángeles en las cuatro esquinas, y abriéndose a su tiempo ha de subir por elevación una persona con una tarjeta, como pintan las tablas de la ley, en una mano y en otra una urna dorada, y desaparecer a su tiempo.

Memoria de apariencias del auto El primer blasón de España (1661)

Memoria de las apariencias que se han de hacer para la representación de las fiestas del Santísimo Sacramento este año de 1661.

Primeramente para el auto intitulado Primer blasón católico de España.

El primer carro ha de ser su pintura de bosque hermoso con árboles y fuentes y algunos animales y aves. Este a su tiempo se ha de abrir retirándose los bastidores de los costados y cayendo la fachada de delante en escala, dejando descubierto un jardín con celosías, tiestos y demás adornos. Este jardín ha de tener dos árboles de tabla recortada de cuyas copas ha de pender una cadena de tusón dorada y el cordero de ella ha de venir a caer pendiente sobre un adorno que siendo como cuadro pequeño de jardín tenga semejanza de altar, del cual a su tiempo escondiéndose el cordero, ha de aparecer un cáliz con su hostia. En el hueco que hace la cadena ha de haber entre los dos árboles un nicho retirado en el fondo donde ha de estar una mujer como estatua que es de aquel jardín. Adviértase que los dos árboles han de tener por hojas unos óvalos y en ellos pintados diversos rostros, de manera que entre otras ramas parezcan a un tiempo árboles de jardín y árboles de genealogía.

El segundo carro ha de ser por de fuera de fábrica hermosa, y abriéndose a su tiempo los bastidores deste medio carro en elevación se han de ver dentro adornos de sala rica, y su pintura ha de ser colgaduras, bufetes y escritorios. Abierto este medio carro a su tiempo ha de dar vuelta, y viniendo cerrados los bastidores del otro medio carro, se han de abrir en la misma conformidad y verse dentro una galería con estatuas pintadas y otros adornos, advirtiendo que así la primera mitad como la segunda se ha de mover con dos o más personas en cada una y todo se ha de cerrar junto.

El tercer carro ha de ser en todo parecido al segundo así en la pintura por de fuera como en todos los movimientos de sus dos mitades, con esta diferencia: que la primera vez que se descubran los primeros bastidores se han de ver unas verjas como de prisión claras, que no embaracen la vista de los que estuvieren dentro sino que se descubran francamente. Esta mitad ha de tener comunicación con la otra, de manera que dando vuelta se vean las mismas personas con otras que han de venir en la otra mitad, y, habiendo representado, cerrarse todo. La pintura desta última mitad ha de ser a manera de jardín.

El cuarto carro ha de ser pintado todo de nubarrones hermosos con algunos serafines en ellos, y a su tiempo han de salir por sus dos costados dos personas, que han de venir en dos bofetones de canal, las cuales han de bajar al tablado, y en habiendo representado, volverse a subir por donde vinieron. Hase de descubrir al mismo tiempo el carro, y, pintado por de dentro de gloria, verse sobre una pirámide, según la capacidad, un niño en una cruz.

Memoria de apariencias del auto Las pruebas del segundo Adán.
Las Órdenes Militares, 1662

Memoria de las apariencias que se han de hacer en los carros para la representación de las fiestas del Santísimo Sacramento este presente año de 662 primeramente para el auto intitulado Pruebas del segundo Adán.

El primer carro ha de ser en su primer cuerpo un bosque, cuyos países han de estar adornados de árboles, fuentes y animales, y en el segundo cuerpo ha de tener un pavón real tan grande que ocupe todo su diámetro, lo más bien imitado que se pueda en plumas y colores. La cabeza ha de estar coronada de tres airones, levantada, y la cola recogida hasta que a su tiempo en un abanico haga la rueda pintada toda de ojos. Hase de abrir el pecho en dos mitades y verse dentro un león de pasta, que también en dos mitades se ha de abrir, capaz de que pueda verse un niño dentro.

El segundo carro ha de ser una fábrica de real arquitectura, la cual ha de tener una escalera fija por donde se pueda subir y bajar desde el tablado hasta el segundo cuerpo, cuya fachada ha de tener una puerta engoznada de suerte que quien suba a entrar por ella pueda abrirla y cerrarla con facilidad y presteza. Esta fachada, y sus costados, se ha de abrir y verse dentro un dosel con dos sillas lo más majestuoso que se pueda.

El tercer carro ha de ser un peñasco hermosamente pintado de flores, y abriéndose a su tiempo se ha de ver dentro dél un árbol, de recortado, cuyas hojas han de ser cálices y hostias y entre ellas los atributos de Nuestra Señora, de recortado como el pozo, la fuente, etc., y en lo último de la copa una imagen de la Concepción. Todo esto ha de subir en elevación lo más que pueda con una persona que ha de estar echada en una tarimilla al pie del tronco.

El tercer (debe decir cuarto) carro ha de ser correspondiente al primero, con esta diferencia, que su pintura en el primer cuerpo han de ser nubes y pájaros, representando esfera de aire y cielo; el ave que ha de ocupar la circunferencia de todo el segundo cuerpo ha de ser un pelícano en su nido y al rededor algunos polluelos como sustentándose de la sangre del pecho herido de su pico. Hase de abrir como el pavón en dos mitades, y verse dentro un cordero, y dentro del cordero otro niño. Adviértase que estos carros han de tener todos sus escutillones por de dentro para que puedan subir las personas que han de servir en las apariencias.

El carro que dije que ha de ser árbol con los atributos de Nuestra Señora y la imagen de Concepción en el remate, porque no haya dos árboles, será mejor que sea una pirámide que por adorno de las cuatro esquinas tenga de cortado unos ángeles con las tarjetas de los mismos atributos, y si la imagen, habiendo de subir en elevación todo lo que pueda, puede ser una niña viva, será mejor. Esto se mude si a vuestras mercedes parece.

Memoria de apariencias del auto Los espejos de Ruth
(1663)

Memorias de las apariencias que se han de hacer en los carros para la representación de las fiestas del Santísimo Sacramento este año de 663 en el auto intitulado Las espigas de Ruth.

Primeramente el primer carro ha de ser una fábrica pintada, campañas con varios ejercicios de labranza, como son arar, sembrar, segar y coger los frutos, llena toda de haces de trigo. Esta se ha de mover toda en su segundo cuerpo en una devanadera a dos haces, de suerte que abierta una vez la mitad, se vea su pintura en la misma conformidad por de dentro que por de fuera, y en ella algunas personas que puedan salir y entrar teniendo su escutillón en el intermedio de las dos mitades. A su tiempo ha de dar vuelta, y haciendo cara la que fue la espalda, se ha de abrir también y verse en ella fábrica de pintura con otras dos personas; y esta segunda vez que se abra, se advierte que se ha de abrir también con ella la mitad que se abrió primero, de suerte que descubiertas ambas apariencias puedan dar una y más vueltas viéndose la una y la otra.

El segundo carro ha de ser fábrica de templo hermoseada de columnas y bronces con sus capiteles y remates. Ha de tener el mismo movimiento y las mismas divisiones conforme en todo al primero, con esta diferencia, que la primera fachada que se abra ha de tener un peñasco con un sacrificio de espigas de trigo y lugar para dos personas, y a su tiempo se ha de encender saliendo de entre las espigas llamas y humo. El respaldo deste carro se dirá con tiempo lo que ha de ser. Ha de hacer lo mismo en cuanto a abrirse primera y segunda vez, y dar vuelta con todo descubierto.

El tercer carro ha de ser en todo igual a este segundo, y solo ha de diferenciarse en que la primer vez que se abra se vea un altar con unos panes y a sus lados dos redomas de vino. El respaldo deste carro ha de ser un jardín y en medio una fuente de taza redonda, lo más capaz que pueda ser en el espacio, en cuyo remate ha de estar un niño y dar sus vueltas, abierto todo como los pasados.

El cuarto, correspondiente al primero, ha de ser en su pintura campañas y labranzas. Su primera fachada ha de ser un nacimiento, hechos de pasta la María, el Joseph y el Niño, y todo su cielo de ángeles pendientes, y su pintura como un portal de Belén. Su respaldo deste ha de ser un altar con una custodia y en ella la imagen del Sacramento. Ha de guardar el mismo orden en abrirse primera y segunda vez y dar vueltas abierto todo.

Memoria de apariencias del auto El divino Orfeo (1663)

Memoria de las apariencias que se han de hacer este año de 663 para la representación de los autos de la fiesta del Santísimo Sacramento.

El Divino Orfeo.

Auto sacramental alegórico.

Primeramente ha de ser el primer carro una nave negra con sus banderolas, flámulas y gallardetes negros también; ha de estar sobre ondas oscuras con monstruos marinos pintados en ellas, y a su tiempo ha de dar vuelta, teniendo en su árbol mayor elevación para una persona. A un lado de este mar ha de haber un escollo que se ha de abrir, y salir dél una persona, advirtiendo (para facilitar el que pueda ejecutarse) que cuando el escollo se abra, ha de estar la nave en través, de suerte que ni la proa ni la popa podrán embarazar para que el escollo no se abra, y representar la persona con las que estarán en el costado de la nave.

El segundo carro ha de ser otra nave, azul y oro, toda su pintura sobre mar de cielo con peces y imágenes marinas hermosamente pintadas, sus flámulas y gallardetes blancas y encarnadas con cálices y hostias. Ha de dar vuelta y tener elevación.

El tercer carro ha de ser un globo celeste con estrellas, signos y plantas. Este medio globo se ha de abrir a su tiempo en dos mitades, cayendo la una a la parte de la representación sobre dos columnas, de suerte que el medio globo quede hecho tablado y el otro medio vestuario, y puedan salir y entrar personas que han de representar en él. En la parte que queda fija ha de haber una rueda de rayos que a su tiempo se descubra dando vueltas, y en ellos ha de haber Sol y Luna con otras estrellas y imágenes celestes, y moverse todo.

El cuarto carro ha de ser un peñasco, el cual también se ha de partir en dos mitades, cayendo la de la representación sobre dos cipreses, y quedar, como el globo, la mitad tablado y la mitad vestuario, de donde puedan salir y entrar los que representen. Todo este peñasco se ha de poblar a su tiempo de árboles que han de estar embebidos de suerte que la cumbre quede coronada, y al mismo tiempo por todos sus costados y fachada han de asomar diversos animales, y corriéndose la cortina que hacía vestuario, se ha de ver en su fondo un mar en cuyas ondas se han de mover algunos peces y salir de ellas pájaros vivos soltándolos a que vuelen en el mayor número que se pueda.

En Madrid a 27 de febrero de 1663 años.

Memoria de apariencias del auto A María el corazón (1664)

Memoria de las apariencias que se han de hacer en los carros para la representación de las fiestas del Santísimo Sacramento este año de 1664, para el auto intitulado A María el corazón.

El primer carro ha de ser una selva pintada de países y boscajes alegres y vistosos. Esta ha de tener en su primer cuerpo embebido el segundo, sin que se descubra nada dél, hasta que a su tiempo suba por elevación, y en ella se vea una casa a manera de ermita con su tejado a dos aguas, puerta y ventana, según la capacidad que la corresponda; ha de estar fundada como en el aire sobre nubarrones sembrados de serafines y de estrellas. A las cuatro esquinas desta casa han de subir con ella cuatro ángeles, niños pequeños, y delante de la fachada principal otro ángel, que le ha de hacer una mujer, de modo que lo que ha de verse es la casa lo más alta que pueda, así para que los ángeles se descubran como para que el principal que ha de estar delante, no la quite la vista. En habiendo subido todo junto sin dar vuelta, los cinco ángeles han de desaparecer dejando la casa descubierta hasta que a su tiempo vuelvan a subir por ella, y dando una y más vueltas se mueva todo junto y desaparezca, quedando el carro como estaba en su principio.

El segundo carro ha de ser una montaña bruta, pintada de riscos y asperezas. Del primer cuerpo della (abriéndose en dos mitades que con faldones salven las barandillas para que sin quitar la vista puedan doblarse a los costados) ha de salir una hidra grande, cuanto pueda dar la capacidad, con siete cabezas coronadas, de cuyas bocas han de salir siete bandas o colonias que puedan traer en las manos siete personas que han de venir como tirando de ella. Ha de estar fundada sobre una tarimilla de rueda, de modo que, gobernada por la parte de adentro, pueda salir hasta la mitad del tablado de la representación con una mujer que ha de venir sentada en ella y retirarse en habiéndose apeado. El segundo cuerpo deste carro se ha de abrir después en bastidores, y verse dentro dél otra casa como su primera, con los mismos tamaños, nubes y serafines, con diferencia de que esta ha de estar fija y no han de aparecer los ángeles en ella, sino en lugar suyo dos hombres que por un lado y otro puedan salir y entrar teniendo capacidad para representar delante de su puerta.

El tercer carro ha de ser una galera con sus árboles, jarcias y remos fundada sobre juego que pueda dar una o más vueltas.

El cuarto carro ha ser una fábrica enriquecida en su pintura de jaspes, mármoles y bronces que signifique lo más que pueda templo suntuoso con su media naranja y capitel. La fachada de este templo ha de caer toda sobre el tablado de la representación, dejando hecha una escalera de su misma arquitectura, lo más capaz que pueda, y con fortaleza para poder subir por ella. En lo eminente deste carro se ha de ver un retablo de altar con sus columnas, compartimientos y demás adornos, y en el nicho principal una imagen de Nuestra Señora, de talla, con el Niño en brazos, y en el altar hostia y cáliz con su araceli, y todo lo más adornado que se pueda.

Memoria de apariencias del auto La inmunidad del sagrado
(1664)

Memoria de las apariencias que se han de hacer en los carros para la representación del auto intitulado La inmunidad del sagrado.

El primer carro ha de ser un jardín con su cenador, emparrados, verjas, tiestos y flores y demás adornos, lo más vistoso que se pueda. Ha de tener en medio una fuente grande de taza y en ella por remate una cruz con siete listones carmesíes como caños que corren de ella. A su tiempo ha de subir un cáliz y hostia que la cubra toda con otros siete caños de listones blancos. En la principal fachada deste jardín ha de haber una puerta de arco adonde ha de subir a dar una escalera que ha de estar fija siempre en el tablado, en cuyo remate por la parte de adentro ha de haber un escutillón en que pueda subir una persona de modo que venga a verse entre la puerta y la escalera.

El segundo carro ha de ser un medio globo grande que abriéndose a su tiempo en rayos ha de dejar hecho un Sol y dentro dél un trono en que han de estar sentadas dos personas, con resplandores, debajo de araceli, o medio círculo, lo más adornada que se pueda.

El tercer carro ha de ser una nave con banderas blancas y encarnadas y sobre juego que dé vuelta, y en el fanal hostia y cáliz.

El cuarto carro ha de ser sobre fábrica hermosa la elevación de un pedestal o columna en que han de subir tres personas, y en lo más eminente que se pueda, abrirse en abanico, dejando a la una en medio y a las dos a los lados han de dar una o más vueltas y desaparecer como subieron.

En uno destos carros, que ha de ser el del abanico, la puerta que ha de servir a la representación ha de tener una reja grande de hierro con verjas por donde se pueda salir y entrar.

Memoria de apariencias del auto El viático cordero (1665)

Memorias de las apariencias que se han de hacer en los carros para la representación de las fiestas del Santísimo Sacramento, en el auto intitulado El viático cordero.

El primer carro ha de ser una columna que embebida en el primer cuerpo se eleva a su tiempo, teniendo por remate sobre su capitel una nube; esta se ha de abrir cayendo las hojas de manera que hagan una arandela como de taza de fuente, y verse dentro de ella una mujer, la cual sobre otra elevación ha de subir hasta descubrir toda ella. Ha de dar vuelta en redondo y cubrirse a su tiempo. La pintura deste carro ha de ser un peñasco áspero y el color de la nube son sombras oscuras, pero no por eso dejen de tener hermosura.

El segundo carro ha de ser una fachada de fábrica; esta ha de caer toda sobre una escalera de fábrica también, que ha de estar fija en el corredorcillo de la representación con sus puertas a los lados, de manera que hagan perspectiva a lo despegado del carro.

La fachada que ha de caer sobre este descanso ha de traer fija una mesa del tamaño bastante para dejar a uno y otro lado lugar a los que coman en ella; ha de venir adornada de manteles que lleguen al suelo, y en ella clavados platos, candeleros y luces y demás adornos de mesa. Los tres platos de en medio han de ser: dos con lechugas, y uno, mayor, con un cordero, que parezca que está asado, y en algunas partes unos panecillos naturales que puedan partirse y comer de ellos. Esto se ve a la primera vez que se abre, y a la segunda se ha de ver la mesa con un peñasco encima, y sobre leña un cordero como los pintan en los sacrificios, y por elevación detrás dél ha de salir un niño en una cruz.

El tercer carro ha de ser una fábrica como la del segundo, con diferencia a que no caiga su fachada sobre escalera, sino sobre columnas o pilastras. Lo que se ha de ver en ella ha de ser otra mesa de altar con su araceli de serafines y más adornos de gloria que puedan imitarse. Debajo de este araceli ha de haber un cáliz con su hostia grande. Ha de ser recortado, porque por detrás dél pueda salir también en otra elevación un niño, y adviértase que este carro no se abre más que una vez, y que él y el que le responde han de ser fábrica enriquecidos con sus remates lo más bien adornados que se pueda.

El cuarto carro ha de ser otra columna y nube como el primero, con diferencia solo de que la pintura de su peñasco, columna y nube ha de ser de fuego, con estrellas, rosas y flores y en la nube algunos serafines. Tiene el mismo movimiento que la primera.

Demás de lo que toca a la fábrica de los carros que es lo que se fija en ellos, se advierte que se ha de sacar a mano lo siguiente:

Un reloj de Sol pintado en cartones a dos haces, la una con los números y muestra y la otra con un sacramento. Este ha de estar fundado sobre un pie de velador que puesto en medio del tablado pueda dar vuelta en redondo; y de cada número de las horas ha de salir un listón rojo capaz a que los que representan tirando de ellos puedan esparcirse por el tablado.

Mas ha de haber para la mano un árbol natural con algunas ramas, y buscarle el que más parezca que hace una cruz, y del tamaño que pueda un hombre llevarle en las manos. Ha de estar en la barandilla de uno de los carros de las nubes, despegado de los lienzos, de suerte que como que le arrancan puedan echarle en el suelo; y para la correspondencia habrá otros árboles y ramas en el mismo corredorcillo y en el de la otra nube que le corresponde.

Memoria de apariencias del auto Psiquis y Cupido (1665)

Memoria de las apariencias que se han de hacer en los carros para la representación de las fiestas del Santísimo Sacramento en el Auto intitulado Siquis y Cupido.

El primer carro ha de ser una nave enjarciada y adornada como otras veces, ha de dar una y más vueltas y tener bajada para el tablado.

El segundo ha de ser un cenador emparrado con los demás adornos de jardín; debajo dél ha de haber una mesa con asientos en la cabecera y lados donde puedan sentarse seis personas, dos a cada parte. Todo este cenador y mesa se ha de cubrir con una fachada pintada de país hermoso, y a su tiempo ha de caer toda sobre el tablado de la representación, trayendo en sus gradas hecho un aparador lo más enriquecido que se pueda, de fuentes, aguamaniles, jarrones, salvas y tazas de plata, que pueden hacerse de pasta.

El tercer carro ha de ser de fábrica en su primer cuerpo, en el cual han de estar embebidos otros dos que en disminución, guardando el orden de su arquitectura, han de subir todo lo más que puedan con sus corredores y adornos, y en el remate una persona teniendo en que afijarse, porque a su tiempo ha de desaparecer con velocidad todo.

El cuarto carro ha de ser un escollo o peñasco rústico en el cual abriéndose en dos mitades el segundo cuerpo, se vea un hombre en un caballo. Este ha de tener un despeño en que bajando por canales al tablado, pueda la persona apearse, y dando vuelta el caballo, vuelva a subir y cerrarse el peñasco.

Memoria de apariencias del auto Sueños hay que verdad son (1670)

Memoria de las apariencias que se han de hacer en los carros para la representación de los autos en las fiestas de este año 670.

Auto primero intitulado Sueños hay que verdad son.

El primer carro ha de ser una montaña de color de cielo, cuajada toda de rosas y estrellas, cuyo segundo cuerpo ha de estar en bastidores que a su tiempo se han de embeber en el primero, y salir dél en elevación tres personas, las cuales, en estando en lo alto, se han de dividir, quedando fija la de en medio y apartándose las de los lados de modo que desplegándose el lienzo a manera de abanico quede formado un iris y dando vuelta desaparezca todo dejando el carro como antes estaba.

El segundo carro en correspondencia deste ha de tener los mismos movimientos, distinguiéndose solo en que la pintura ha de ser toda de color verde y en sus países haces de trigo y a lo lejos labranzas del campo como son sembrar, arar, segar y trillar.

El tercer carro ha de ser una fábrica hermosa fingida de jaspes y bronces, y en el segundo cuerpo de ella se ha de aderezar un rastillo en que ha de salir una persona sentada al pie de un árbol de recortado, cuya copa ha de estar con algunas aves de cuyos picos han de venir a dar unas cintas moradas a un canastillo que tendrá en las manos como lleno de panes, y a su tiempo han de salir dél pájaros vivos, y en ella y el árbol han de dar vuelta en un bofetón hasta esconderse en el costado del mismo carro. Ha de embeberse después el bastidor de la fachada y verse dentro del carro una mesa de altar con un sacrificio de panes y encima de cada uno una hostia. Este sacrificio ha de dar vuelta y verse un cáliz y hostia.

El cuarto carro en correspondencia también deste tercero ha de tener a contrario el mismo rastillo y bofetón con diferencia de que el árbol ha de ser una parra pintada de racimos y de cada uno cintas encarnadas que vengan a dar en un cáliz dorado que tendrá en la mano. Ha de embeberse también el bastidor desta fachada y verse otro altar con cálices, y dando vuelta verse otro cáliz y hostia como en el otro.

Memoria de apariencias del auto El verdadero Dios Pan
(1670)

Memoria de las apariencias que se han de hacer en los carros para la representación de las fiestas del Santísimo Sacramento deste año de 670 en el auto intitulado El verdadero Dios Pan.

El primer carro ha de ser en su primer cuerpo una montaña hermosa pintada de varias flores, y en el segundo un pabellón fingido de brocado, el cual a su tiempo se ha de abrir en tres abanicos redondos, y verse en él un medio Sol a manera de araceli, donde en un trono se verá sentada una persona. Esta ha de bajar por rastillo de canales hasta el tablado, quedándose abajo el trono y el pabellón abierto, y el Sol fijo hasta que haya de volver a subir con la misma persona. En este intermedio, en el lugar que debajo del Sol desocupó el trono, ha de salir por elevación un peñasco sobre el cual ha de haber un sacrificio de leña pintada de fuego y un cordero encima.

El segundo carro en correspondencia deste ha de ser una montaña pintada de nubarrones en el primer cuerpo, y en el segundo una nube que a su tiempo se ha de abrir en dieciocho hojas y verse dentro de ella una media Luna en forma también de araceli, y en otro trono una persona que ha de bajar al tablado en el mismo rastillo de canales, y quedarse abierto hasta que haya de volver a salir, en cuyo espacio también por elevación ha de salir también una mesa de altar y en ella una imagen de la Concepción.

El tercer carro ha de ser un jardín con todos sus adornos de cenador, tiestos y celosías con bajada para el tablado. En medio dél ha de haber un pedestal y dentro embebida una pirámide bien imitada de diversos jaspes, la cual a su tiempo ha de subir en elevación con una persona en el remate, que ha de llevar en una mano una cruz de su estatura y en la otra un cáliz con su hostia.

El cuarto carro en correspondencia del tercero ha de ser otro jardín diferenciándose en que el pedestal que aquel tenía en medio ha de ser en este un como estanque o pilón de jaspes del cual a su tiempo ha de salir una fuente en cuya taza ha de venir un niño en una cruz, saliéndole del costado siete cintas encarnadas que den en la taza, y de ella otras siete que den en el estanque.

Memoria de apariencias del auto El santo rey don Fernando (1671)

Memoria de las apariencias que se han de hacer para la representación de las fiestas del Santísimo Sacramento deste año de 671.

Auto primero intitulado El santo rey don Fernando. Primera parte.

El primer carro ha de ser un jardín lo más bien adornado que se pueda con una torre en medio donde a su tiempo ha de salir en elevación una persona. Su pintura países.

El segundo carro ha de ser una devanadera, huecos los clavos, con elevación de por dentro, para que dando vuelta ocupe cada carro su persona. Ha de tener por delante escala para bajar al tablado. Su pintura nubes y rosas.

El tercer carro ha de ser un cartelón grande embebido en el primer cuerpo, el cual a su tiempo ha de subir en elevación con cuatro personas y dar una o más vueltas. Su pintura nubes y estrellas.

El cuarto carro ha de ser un palacio de fábrica rica y hermosa, el cual se ha de abrir cayendo su bastidor de delante y los dos de los lados embebiéndose una mitad en otro, y ha de aparecer dentro una persona sentada en una silla escribiendo en un bufete con sobremesa, luces y escribanía. Esta persona, con bufete y silla ha de subir en elevación, y adviértase que todo se ha de poner en lo más descubierto de la fachada hacia el tablado de suerte que quede descubierto después de embebidos los bastidores.

Auto segundo intitulado El santo rey don Fernando.
Segunda parte

El primer carro ha de ser una nave bien adornada de velas y gallardetes, y en ellos y la bandera de cuadra las armas de Castilla y León. Debajo della ha de haber un medio pabellón o tienda de campaña que a su tiempo se abra y descubra una persona sentada en una silla. Adviértase que la nave ha de dar una y más vueltas, y en su árbol mayor ha de haber elevación para una persona, y que su fanal ha de ser un cáliz grande con su hostia.

El segundo carro ha de ser una fábrica de muralla y ha de tener otro medio pabellón en correspondencia del primero con otra silla, y en medio de su primer cuerpo ha de tener un medio cubo redondo de donde saldrá en elevación una persona. Uno y otro se ha de coronar de almenas pintadas en ellas unas medias lunas. Adviértase que en el medio cubo ha de haber puerta por donde salga una persona a representar al parapeto de la muralla.

El tercer carro se ha de abrir en dos puertas que de arriba abajo descubran toda la fachada y verse dentro de ella una niña sentada en un trono pintado de nubarrones y serafines y a sus lados dos ángeles como que la vienen sustentando. Estas tres personas han de bajar por tres canales y llegar hasta poco menos del tablado, los cuales han de volver a subir cerrándose las puertas.

El cuarto carro en correspondencia deste se ha de abrir en la misma forma con diferencia de que lo que ha de verse en él ha de ser un altar en que ha de haber panes y vino y en él la misma niña en una silla y otros dos canales para los ángeles que han de aparecer a su lado, como que la ponen en un altar y dejándola en él hasta subir hasta esconderse como primero. Adviértase que este altar y su retablo y adornos ha de ser a imitación de la capilla de los Señores Reyes de Sevilla, de que se dará planta cuando haya de ejecutarse la coronación. De estos dos carros ha de ser con sus frontis en las fachadas y sus pinturas fábrica rica.

Memoria de apariencias del auto No hay instante sin milagro (1672)

Memoria de las apariencias que se han de disponer para la representación de las fiestas del Santísimo Sacramento de este año de setenta y dos en el auto intitulado No hay instante sin milagro.

El primer carro ha de ser una devanadera de todo su segundo cuerpo, dividida en dos mitades: la una se ha de abrir en bastidores y verse en ella un retrete adornado de espejos, escritorios y países y demás adornos que puedan significarle rico y vistoso. Ha de tener en medio su estrado y un atril con un espejo en que ha de aparecer tocándose una dama. La otra mitad, que ha de ser respaldo de esta, ha de ser un peñasco bruto que, abierto también en bastidores, descubra una gruta a manera de cueva, entre cuyos riscos habrá a un lado una cruz pequeña de troncos bastos con capacidad para que la misma dama aparezca delante de ella hincada de rodillas. Esto ha de dar a sus tiempos una y más vueltas.

El segundo carro ha de corresponder en todo a este primero así en la devanadera como en los movimientos de ella, mas con diferencia de que la una mitad ha de ser un peñasco que, abierto también en bastidores, descubra a un hombre atado a una cruz, y su respaldo en la otra mitad un jardín adornado de flores, tiestos y barandillas, lo más hermoso que se pueda.

Estos dos carros, que en sus devanaderas no ocupan más que sus segundos cuerpos, han de tener el uno en el primero un carro triunfal embebido en goznes y cautelas dobladas, de suerte que como vaya saliendo el tablado vaya creciendo en buena proporción hasta hacerle capaz de traer en su popa una mujer sentada, la cual atravesando el tablado ha de esconderse en el otro carro compañero suyo.

El tercer carro ha de ser fábrica de palacio enriquecido en sus perspectivas de jaspes y bronces; ha de tener también en su segundo cuerpo los mismos movimientos que las devanaderas. En la una mitad se ha de ver a su tiempo un trono con sus gradas y dosel y una silla en que ha de aparecer sentado un hombre, y en la otra mitad una mesa de altar y en ella cáliz y hostia. La pintura deste medio carro ha de ser de nubes con estrellas y serafines, y tenga capacidad para verse a la mesa una persona.

El cuarto carro ha de ser de boscaje y ha de tener a sus espaldas encubierto un caballo en que a su tiempo ha de dar entera vuelta un hombre lo más en el aire que se pueda, escondiéndose, hasta que saliendo segunda vez y parando en la fachada de la representación (donde ha de haber un despeñadero) caiga en el tablado y el caballo pase hasta esconderse.

Memoria de apariencias del auto El arca de Dios, cautiva
(1673)

Memoria de las apariencias para la representación de las fiestas del Corpus deste año de 1673 en el auto intitulado El arca de Dios captiva.

El primer carro ha de ser en su pintura una fábrica de templo rica de jaspes y bronces, la fachada de ambos cuerpos se ha de cubrir con una cortina de holandilla pintada en ella la portada en correspondencia de la demás fábrica. Esta cortina a su tiempo se ha de recoger arriba y dejar descubierto un retablo como de altar mayor, en cuyo principal nicho que será un medio óvalo redondo ha de haber un ídolo con rostro de mujer hermosa de medio cuerpo, y el otro medio de pescado a manera de sirena de color de bronce. Este ídolo a sus tiempos ha de postrarse la primera vez entero y la segunda ha de caer dividido a pedazos desuniéndose dél la cabeza, manos y brazos, que han de caer al suelo. Ha de salir por el lado derecho del retablo en una devanadera una mujer, la cual ha de llegar al altar a distancia que pueda alcanzar con la espada al ídolo a cuyo golpe se deshace. Ha de haber delante deste altar un pedrestal de jaspes, el cual al tiempo que caiga la cortina se ha de retirar, y sobre él se ha de armar dentro del vestuario un carretón con sus ruedas y barandas y su lanza, en que han de venir uncidas dos vacas cubiertas de piel natural lo más bien imitadas que se pueda. Este carro con el arca encima ha de atravesar todo el tablado hasta esconderse en el carro de enfrente, llevado de un mozo que irá debajo del faldón que ha de tener el carro.

El segundo carro ha de ser de fábrica bien adornada y a su tiempo en el segundo cuerpo se han de abrir tres bastidores y verse un trono con algunas gradas y una silla en que estará una mujer sentada y otra de rodillas, la pintura por de dentro será de colgaduras.

El tercer carro ha de ser una montaña que se ha de abrir también en bastidores y verse en ella un montecillo y en su cumbre un niño en una cruz.

El cuarto carro ha de ser correspondiente del primero, ha de ser la pintura de su primer cuerpo una campaña poblada de tiendas y escuadrones y países de batallas, y en el segundo cuerpo una fábrica de muralla adornada de trofeos de guerra; hase de abrir también en bastidores y verse un altar con otro niño y cáliz y hostia en él.

En lo bajo deste carro ha de salir un peñasco al tablado en que se ha de ver el arca, no fija porque se ha de quitar a la mano. El arca ha de ser del tamaño que diere la capacidad del carro, así para salir en este peñasco como para volver en el carro de las vacas; su hechura ha de ser a manera de sepulcro, toda dorada y estofada de cogollos y follajes de oro; de las cuatro esquinas han de subir cuatro carteles que rematen haciendo cúpula y en ellas dos serafines sustentando sobre sus alas una corona imperial.

Memoria de apariencias del auto El nuevo hospicio de pobres (1675)

Memoria de las apariencias que se han de hacer para la representación deste año de 675 en el auto intitulado El nuevo hospicio de pobres.

El primer carro ha de ser una fábrica hermosa de perspectivas adornadas de mármoles, jaspes y bronces, cuya fachada será una escala que caiga sobre el tablado de la representación en que ha de verse un trono con las gradas que cupieren en su capacidad para sentarse algunas personas y en su eminencia una silla en que aparecerá sentada una mujer. Este carro se ha de compartir en dos mitades, que una sirva de vestuario de la otra y a su tiempo ha de venir en un bofetón que estaba embebido en su respaldo una mujer, la cual ha de hablar con la que apareció sentada, que ya estará en el plano del carro, de suerte que las dos iguales en las dos esquinas hagan frente al auditorio, y volviéndose la del bofetón en él, la del trono ha de bajar al tablado. Adviértese porque la escala esté segura.

El segundo carro ha de ser en pintura de nubarrones cuajados de estrellas y rosas en que se ha de ver una mesa que corra todo su espacio, y en la cabecera dos asientos y a los dos lados bancos en que puedan caber hasta seis u ocho personas. La mesa estará adornada de viandas y en medio un cordero en una fuente con escotillón, que dando vuelta, descubra un cáliz y hostia, y ha de tener bajada fija para el tablado.

El tercer carro ha de ser en todo correspondiente a este segundo con diferencia de que cuando se abra se han de ver en él las gradas que le ocupen en medio punto con aparadores de fuentes y otros vasos de plata y jarrones y aguamaniles con una persona en medio que pueda bajar también con escalera fija deste carro para subir al otro.

El cuarto carro un peñasco en punta hermoseado de flores y ramas y en su extremo ha de tener por cumbre un cogollo de azucenas, el cual se ha de abrir en hojas y subir por elevación una niña o niño en un araceli de rayos y con su círculo pintados en tarjetas y óvalos los atributos de Concepción como son palma, lirio, ciprés, etc.

Memoria de apariencias del auto El jardín de Falerina (1675)

Memoria de las apariencias que se han de hacer para la representación deste año de 675 en el auto intitulado El jardín de Falerina.

El primer carro ha de ser pintado de países y boscajes, cuya principal fachada se ha [de] abrir en dos puertas y salir de ellas fundado sobre tarimón de ruedas una hidra grande de siete cabezas en que ha de venir una mujer sentada, la cual cantando ha de atravesar todo el tablado hasta esconderse a su tiempo midiendo la representación con el espacio en el carro de enfrente que será el segundo deste auto correspondiente al primero.

El tercero y cuarto carro han de ser de jardines también correspondientes el uno al otro, con diferencia de que en el uno ha de haber un árbol con algunas manzanas y a su tronco revuelta una serpiente por el cual ha de subir por elevación una mujer hasta ponerse sobre su copa, y en el otro, otro árbol cuyas hojas tendrán algunas estrellas, y su tronco ha de estar rodeado de hojas de parra y haces de espigas, con su elevación también para otra mujer, y ambos jardines han de estar adornados de celosías, tiestos y ramilletes, y ambas copas las más pobladas y frondosas que se pueda.

Memoria de apariencias del auto Los alimentos del hombre
(1676)

Memoria de las apariencias que se han de hacer para la representación de los autos de este año de seiscientos y setenta y seis.

Primeramente para el carro intitulado Los alimentos del hombre.

El primer carro ha de ser una devanadera con cuatro nichos en que a su tiempo han de ir saliendo cuatro personas dando vuelta la devanadera porque han de verse cada una de por sí sucediéndose la una a la otra. La primera en su pedestral ha de estar pintado de nubarrones; en el segundo un cordero; en el tercero un país de rosas y azucenas; en el cuarto un Sol con resplandores.

La pintura de este carro ha de ser de nubes con flores y estrellas.

El segundo carro ha de ser un peñasco que deje delante un espacio en que pueda representar una persona y del medio cuerpo abajo ha de tener un despeñadero, pintado de peñasco con cambrones y espinos, y el medio cuerpo del peñasco se ha de abrir a su tiempo en dos mitades y verse en él una mesa de altar con cáliz y hostia y capacidad para una persona que ha de estar detrás del altar.

La pintura ha de ser de peñasco de flores y abrojos.

El tercer carro ha de ser una fábrica hermosa y enriquecida de jaspes y bronces; hase de abrir cayendo la fachada toda sobre el tablado por dos canales por donde a su tiempo pueda bajar un trono con una persona que ha de estar sentada en él, con gradas y dosel, y su pintura por de dentro ha de ser de colgaduras y otros adornos como de pieza real.

El cuarto carro en correspondencia de este ha de tener la misma fachada que caiga sobre el tablado con otro trono, dosel y gradas, y su pintura por de dentro y por de fuera ha de ser de nubarrones, rosas, estrellas y serafines.

Memoria de apariencias del auto El tesoro escondido
(1679)

Memoria de las apariencias que se han de hacer en los carros para la representación de los autos este año de 1679.

El primer carro del auto intitulado El tesoro escondido ha de ser una fábrica rica adornada de jaspes y bronces. Este a su tiempo se ha de abrir en bastidores de suerte que unidos con el frontis del carro formen una fachada, en la cual ha de estar pintada una librería con sus estantes, y encima de ellos globos, esferas y otros adornos; y ha de haber en medio un bufete con algunos libros y una silla en que se ha de ver una persona sentada.

El segundo carro ha de ser un peñasco el cual se ha de abrir en correspondencia del palacio y verse dentro dél otra librería con los mismos adornos, y solo ha de tener de diferencia el ser dos las sillas para dos personas.

El tercer carro ha de ser un óvalo redondo pintado en él un Sol. Este se ha de abrir en rayos de suerte que quede formada una estrella tan grande que dentro della pueda parecer una persona.

El cuarto carro ha de ser una nube que a su tiempo se ha de abrir elevada en tres cuerpos de a seis u ocho hojas, y al pie de la nube ha de haber a manera de cabaña una gruta en que se ha de ver un niño echado sobre unos haces de trigo, el cual se ha de elevar en una canal hasta ponerse arrimado al tronco debajo de la nube, donde por delante dél ha de subir un cáliz y hostia de recortado, tan grande que encubra al niño y la peana, y la nube ha de cerrarse dejándolos dentro.

Adviértase que la pintura del carro de la estrella ha de ser por de fuera de estrellas y flores, y la de la nube de espigas de trigo y flores y estrellas.

Memoria de apariencias del auto El segundo blasón de Austria (1679)

Memoria de las apariencias que se han de hacer en los carros para la representación de los autos deste año de 679.

El primer carro del auto intitulado Segundo blasón de Austria ha de ser un monte en su pintura áspero y escabroso. Este ha de tener subida hasta su cumbre, compartida en dos tiros por donde han de subir dos personas, las cuales, en llegando a la eminencia, han de venir a brazos, en cuya lucha se ha de rendir la una trayéndose tras sí los bastidores del monte y la subida, de suerte que quede la otra desamparada en lo más alto sin remedio para la bajada; y a su tiempo han de salir de los dos lados del monte doce ángeles y por tres canales han de bajar al tablado como trayéndole en el aire.

El segundo carro será también fábrica real. Ha de tener en lo bajo del tablado una silla en que ha de subir por elevación una persona hasta el segundo cuerpo y por detrás de ella un árbol, de recortado, bien adornado de ramas y hojas y entre ellas unos óvalos en que han de estar pintados en medios cuerpos hasta doce retratos de reyes y emperadores coronados, cuyos nombres y señas se dirán a su tiempo. En el remate de este árbol ha de haber un tarjetón mayor que los otros, en que quepa pintado en pie y armado un joven. Todo esto ha de esconderse volviéndose por donde vino, y la silla a su lugar, como primero.

El tercer carro ha de ser un cenador emparrado con todos los adornos de jardín y en medio ha de tener una fuente en que por elevación ha de aparecer un niño por remate de ella.

El cuarto carro ha de ser la fábrica de un templo con su media naranja y su linterna, el cual se ha de abrir y verse dentro un altar con hostia y cáliz con su araceli y demás adornos de pintura rica por de dentro.

Memoria de apariencias del auto El cordero de Isaías (1681)

Memoria para el auto de El cordero de Isaías.

Primer carro y segundo: las fachadas de estos carros se han de abrir en dos puertas o cortinas y salir del uno sobre tarima de ruedas un carro triunfal lo más hermoso que se pueda imitar con cartelas y roleos y demás adornos. El respaldo de este carro, que será un trono, ha de subir cuanto diere la capacidad, y en él venir sentada una persona. Ha de parar en el tablado de la representación y en él que pueda dar una o más vueltas, y a la postrera prosigue el triunfo hasta esconderse en el carro de enfrente, que se abrirá también en puertas o cortinas. La pintura de estos dos carros ha de ser países con muchas flores.

Tercer carro: un palacio de real arquitectura con trono para un dosel para una persona y capacidad a los lados para dos; cayendo su fachada, quedará formada una escalera para poder bajar.

Cuarto carro: Ha de tener un cartabón en que han de bajar dos personas y dejando la una en el tablado ha de desaparecer la otra y ha de volver por la que dejó y van a parar donde salieron. Ha de ser su pintura un peñasco con algunos animales entre malezas y espesuras.

Carta de don Pedro Calderón (30-IV-1635) sobre representaciones en la fiesta de Don Juan del Buen Retiro

Yo he visto una memoria que Cosme Loti hizo del teatro y apariencias que ofrece hacer a Su Majestad en la fiesta de la noche de San Juan; y aunque está trazada con mucho ingenio, la traza de ella no es representable, por mirar más a la invención de las tramoyas que al gusto de la representación. Y habiendo yo, señor, de escribir esta comedia, no es posible guardar el orden que en ella se me da; pero haciendo elección de alguna de sus apariencias, las que yo habré menester de aquéllas para lo que tengo pensado, son las siguientes:

El teatro ha de ser en el Estanque. La primera vista el bosque oscuro con todo el adorno que él le pinta de formas humanas, en vez de árboles, con trofeos de armas y caza.

El carro plateado que ha de venir sobre el agua y la senda para que anden junto a él los que le han de venir acompañando con música.

La nave de manera que de él se pueda saltar al tablado.

La nube en que ha de venir Mercurio o un arco del cielo, en que venga como embajador de Júpiter.

El trocarse todo el monte en palacio con jardines y edificio suntuoso, fuentes y corredores.

El confundirse todo esto a su tiempo y quedar todo destruido; correr fuego las fuentes y abrasarse todo, volviendo a servir la nave.

La diversidad de animales vivos o imitados de que se ha de llenar a su ocasión el tablado.

La mesa que se ha de aparecer cubierta de viandas, saliendo muy suntuosa de debajo de la tierra.

El juguete del cochino en que se ha de transformar el gracioso y la mona para el otro gracioso. El gigante. Advirtiendo vuesa merced que yo no doy orden para obrar esto, ni la disposición de las luces, ni pinturas de la fábrica, ni perceptivas, porque todo esto queda a su ingenio (de Lotti), que lo sabrá disponer y ejecutar mejor que yo lo sabré decir. Lo que suplico a vuesa merced es que si esto ha de tener efeto se me dé, desde luego, la orden, porque yo me desocupe de otras cosas y acuda a la de más obligación, que es servir a vuesa merced, a quien nuestro Señor guarde como deseo.

Abril, 30 de 1635 años.

Libros a la carta

A la carta es un servicio especializado para
empresas,
librerías,
bibliotecas,
editoriales
y centros de enseñanza;
y permite confeccionar libros que, por su formato y concepción, sirven a los propósitos más específicos de estas instituciones.

Las empresas nos encargan ediciones personalizadas para marketing editorial o para regalos institucionales. Y los interesados solicitan, a título personal, ediciones antiguas, o no disponibles en el mercado; y las acompañan con notas y comentarios críticos.

Las ediciones tienen como apoyo un libro de estilo con todo tipo de referencias sobre los criterios de tratamiento tipográfico aplicados a nuestros libros que puede ser consultado en www.linkgua.com.

Linkgua edita por encargo diferentes versiones de una misma obra con distintos tratamientos ortotipográficos (actualizaciones de carácter divulgativo de un clásico, o versiones estrictamente fieles a la edición original de referencia).

Este servicio de ediciones a la carta le permitirá, si usted se dedica a la enseñanza, tener una forma de hacer pública su interpretación de un texto y, sobre una versión digitalizada «base», usted podrá introducir interpretaciones del texto fuente. Es un tópico que los profesores denuncien en clase los desmanes de una edición, o vayan comentando errores de interpretación de un texto y esta es una solución útil a esa necesidad del mundo académico.

Asimismo publicamos de manera sistemática, en un mismo catálogo, tesis doctorales y actas de congresos académicos, que son distribuidas a través de nuestra Web.

El servicio de «libros a la carta» funciona de dos formas.

1. Tenemos un fondo de libros digitalizados que usted puede personalizar en tiradas de al menos cinco ejemplares. Estas personalizaciones pueden ser de todo tipo: añadir notas de clase para uso de un grupo de estudiantes, introducir logos corporativos para uso con fines de marketing empresarial, etc. etc.

2. Buscamos libros descatalogados de otras editoriales y los reeditamos en tiradas cortas a petición de un cliente.